Ceci est l'Islam

Sa Bienveillance le Cheikh
Sâleh ibn Abdul Azîz Âl Cheikh

L'islam à la portée de tous !

Ceci est l'Islam

L'islam à la portée de tous !

Ceci est l'Islam

*Au nom de Dieu,
L'infiniment Miséricordieux, le très Miséricordieux*

Ce livre est à la base une conférence donnée par Son Excellence le Cheikh

Sâleh ibn Abdul Aziz ibn Muhammad ibn Ibrahim Âl Cheikh

Ministre des Affaires Islamiques, des Legs Pieux, de la Prédication et de l'Orientation

Ceci est l'Islam

Introduction

Louange à Allah, Seigneur de l'univers. J'atteste qu'il n'y a de divinité digne d'adoration qu'Allah, l'Unique sans associé ; et j'atteste que Muhammad est Son serviteur et Son Messager, que la miséricorde d'Allah et la paix soient sur lui en abondance ainsi que sur sa famille et ses Compagnons jusqu'au Jour de la Résurrection.

Le sujet de cette conférence est très vaste, et en me choisissant pour présenter un tel sujet « **Ceci est l'Islam** », j'ai été lésé ; en effet, il est difficile de le cerner en une seule conférence dans la mesure où il est naturellement pénible de condenser un sujet lorsque les sens sont associés, et que ses thèmes et ses axes sont nombreux ; en effet, comment pourrais-je bien présenter la totalité de l'Islam comme l'annonce ce titre : « Ceci est l'Islam » ?

Quoi qu'on dise sur le titre « Ceci est l'Islam », il se peut que je le présente selon une vision particulière ou selon une compréhension particulière de cette religion ou d'après qu'a eut sur moi l'influence de mon pays, ou de l'influence d'une école de pensée. Aussi, je tiens à préciser au début de cette conférence que je me suis efforcé de me départir de tous les éléments qui peuvent avoir une influence sur la présentation de ce sujet – mais il est

Ceci est l'Islam

possible que je ne réussisse pas en cela –, parce que c'est une lourde responsabilité ; bien mieux, c'est un commentaire et une explication de ce qu'Allah a révélé à Son Messager Muhammad ibn Abdullah ﷺ.

J'ai reparti ce sujet en plusieurs éléments et titres que je présenterai globalement ; en effet, lorsque le voyage est difficile, il est possible de rassembler et de raccourcir.

1. Ceci est l'Islam dans la croyance et les adorations ;
2. Ceci est l'Islam dans la législation ;
3. Ceci est l'Islam dans le système de gouvernement ;
4. Ceci est l'Islam dans l'éthique ;
5. Ceci est l'Islam dans l'économie et les biens ;
6. Ceci est l'Islam dans le rassemblement, l'entente et la division ;
7. Ceci est l'Islam dans les relations internationales ;
8. Ceci est l'Islam dans la civilisation ;
9. Ceci est l'Islam dans la divergence et le dialogue ;
10. Ceci est l'Islam dans les pensées et les groupes ;
11. Ceci est l'Islam dans le juste-milieu, la modération et la mise en garde contre l'extrémisme.

Premier point

Ceci est l'Islam dans la « croyance »

Le fondement de l'Islam est le point commun du message de tous les Messagers – *que la paix et le salut d'Allah soient sur eux* –, c'est-à-dire la soumission de la face et du cœur à Allah ﷻ. C'est le résumé succinct de la concrétisation de la double attestation : L'attestation qu'il n'y a de divinité digne d'adoration qu'Allah et l'attestation que Muhammad est le Messager d'Allah. Cette double attestation renferme le monothéisme pur.

L'attestation « qu'il n'y a de divinité digne d'adoration qu'Allah » signifie qu'il n'y a rien qui mérite d'être adoré à bon droit dans le Royaume d'Allah, si ce n'est Allah uniquement. Tout ce qui est adoré en dehors d'Allah est une fausse divinité. Allah ﷻ dit : ﴿ C'est ainsi qu'Allah est Lui le Vrai, alors que ce qu'ils invoquent en dehors de Lui est le faux ﴾[1].

---

[1] Sourate 2 : Al-Hajj, verset 62.

Ceci est l'Islam

L'attestation « que Muhammad est le Messager d'Allah » signifie la reconnaissance et la déclaration par la parole et l'acte que Muhammad ibn Abdullah l'Hachémite Quraychite, est le sceau des Messagers d'Allah – *que la paix et le salut d'Allah soient sur eux*– et qu'il a été envoyé par son Seigneur à tous les hommes comme annonciateur et avertisseur ; qu'on doit obéir à son ordre, abandonner ce qu'il interdit ; et qu'on ne doit adorer Allah qu'avec ce qu'il a lui-même prescrit et non avec les passions, les hérésies et les innovations.

- Quelques fondements de l'Islam en matière de croyance

1 – La concrétisation des piliers de la foi

L'Islam est une croyance qui se concrétise à travers les six piliers de la foi : la foi en Allah, en Ses Anges, en Ses Livres, en Ses Messagers, au Jour dernier, à la prédestination – bonne ou mauvaise - ; car Allah ﷻ dit : ﴿ Le Messager a cru en ce qu'on a fait descendre sur lui venant de son Seigneur, et aussi les Croyants : tous ont cru en Allah, en Ses anges, à Ses livres et en Ses Messagers en disant : « Nous ne faisons aucune distinction entre Ses Messagers. Et ils ont dit : "Nous avons entendu et obéi"[2].

"La foi en Allah" signifie la foi en l'unicité d'Allah ﷻ en tant que Seigneur unique qui gère cet univers ; en tant que divinité unique qui mérite d'être adoré, seul sans associé ; en tant que détenteur des plus beaux noms et des attributs les plus sublimes sur lesquels nul parmi Ses créatures ne Lui ressemble, même si la dénomination des attributs de la créature peut ressembler à celle des attributs du Créateur.

La foi aux six articles de la foi est l'essence même de la croyance en Allah ﷻ.

2 – La foi en l'Inconnaissable (Al-Ghaïb)

Fait partie de l'Islam, la foi en l'Inconnaissable (*Al-Ghaïb*), à tout ce qui a été annoncé par Allah ﷻ ou par Son Messager ﷺ. La raison, la perception imaginable et l'analogie complète ou l'analogie partielle, ne s'opposent pas à la foi à l'inconnaissable. Cela parce que les choses de l'Inconnaissable sont basées sur la soumission et relèvent de la science d'Allah ﷻ. Nous croyons en cela comme Allah ﷻ nous l'a annoncé, sans chercher à savoir le "comment" ni faire des rapprochements. Pour cela Allah ﷻ a décrit Ses serviteurs au début du Qur'an en ces

---

[2] Sourate 2 : Al-Baqarah, verset 285.

termes : ❨qui croient en l'invisible❩³ et en a fait l'attribut particulier des Croyants, c'est-à-dire leur foi en l'Inconnaissable que leur a annoncé Allah ﷻ, car nul mieux qu'Allah ﷻ n'est habileté à parler de l'Inconnaissable.

3 – La soumission au Qur'an et à la Sunna qui sont la source d'acquisition

Parmi les fondements de l'Islam dans la croyance, il y a la soumission au Qur'an et à la Sunna et le fait qu'ils représentent l'unique source d'acquisition de la croyance et de la législation. L'unicité des sources d'acquisition réside dans le fait que ces sources doivent être prouvées. Ainsi, au nombre des sources d'acquisition, il y a principalement : le Qur'an, la Sunna, le Consensus communautaire, le *ijtihad*⁴ qui est soutenu par une référence au Qur'an, a la Sunna ou au Consensus. Par conséquent, les autres sources d'acquisition ne sont pas prises en compte, notamment : les raisonnements sans référence, les songes, les rêves ou les avantages imaginaires qui contredisent ce que l'Islam prône.

---

³ Sourate 2 : Al-Baqarah, verset 3.
⁴ NDT : Le *Ijtihad* consiste à ce que le docte du *Fiqh* fasse de son mieux en étudiant les preuves pour pouvoir accéder à la présomption ou la certitude que le jugement d'Allah sur la question est ceci ou cela ; cf. *Mudzakiratou Oussouloul Fiqh*, Cheikh Al Chinqîty, p 311.

4 – L'alliance particulière avec les Croyants

Fait également partie des fondements de l'Islam dans la croyance, l'alliance particulière aux Croyants qui implique qu'on doit manifester envers eux amour et affection, et les soutenir en cas de détresse comme Allah ﷻ le dit : ﴾ Les Croyants et les Croyantes sont alliés les uns des autres ﴿ [5] : c'est-à-dire qu'ils s'aiment et se soutiennent mutuellement. Pour cela, les spécialistes de la croyance islamique ont classé le sujet de l'alliance entre les Croyants dans les chapitres de la croyance et non dans ceux de la jurisprudence bien que ce sujet ait un lien avec les sujets de la jurisprudence.

5 - L'imploration de l'agrément d'Allah en faveur des Compagnons et l'obéissance aux savants

Parmi les fondements de l'Islam dans la croyance, il y a l'imploration de l'agrément d'Allah en faveur de tous les Compagnons dont Allah a fait l'éloge ainsi que des Mères des Croyants ; l'obéissance aux savants dévoués à Allah ﷻ ; l'alliance aux serviteurs vertueux d'Allah ﷻ et l'alliance à tous les Croyants proportionnellement à la foi de chacun d'eux.

---

[5] Sourate 9: At-Tawbah, verset 71.

Deuxième point

Ceci est l'Islam dans "l'adoration"

En terme d'adoration, l'Islam est bâti sur cinq piliers : l'attestation qu'il n'y a de divinité digne d'adoration qu'Allah et que Muhammad est le Messager d'Allah ; l'accomplissement de la prière ; l'acquittement de la Zakat ; le jeûne du Ramadan ; et le pèlerinage à la Maison sacrée d'Allah.

Ces quatre types d'adoration – la prière, la Zakat, le jeûne et le pèlerinage – sont les grands piliers pratiques de l'Islam. Celui qui les abandonne et n'observe pas l'ordre d'Allah ﷻ à ce sujet, est considéré comme un renégat. On assimile le djihad à ces grands piliers pratiques.

Troisième point

Ceci est l'Islam dans "la législation"

L'Islam est une législation qui vient d'Allah ﷻ ; Il l'a révélé dans Son Livre ou dans la Sunna de Son Messager ﷺ. Les Prophètes sont des frères consanguins ; leurs mères sont différentes et leur religion est la même comme l'a dit le Prophète ﷺ ; [les savants ont dit : cela veut dire que la base de leur croyance est la même et leurs législations sont différentes ; en effet, ils sont tous unanimes sur le fondement de l'unicité d'Allah]. Allah ﷻ dit : ❮ A chacun de vous Nous avons assigné une législation et un plan à suivre ❯⁶ ; Il dit à Son Prophète ﷺ et à Ses serviteurs croyants : ❮ Puis Nous t'avons mis sur la voie de l'Ordre [une religion claire et parfaite]. Suis-la donc et ne suis pas les passions de ceux qui ne savent pas ❯⁷.

---

⁶ Sourate 5 : Al-Ma'idah, verset 48.
⁷ Sourate 45 : Al-Jâthiya, verset 18.

Cette législation (*Charia*) provient d'Allah ﷻ ; Il l'a révélée à Son Prophète ﷺ. On y trouve ce qui est textuellement stipulé, c'est ce qu'on désigne par la révélation, et ce que la révélation prouve qu'on peut y faire le *ijtihad* et la déduction.

Quelques caractéristiques de la législation islamique (Charia)

1 – La généralité :

Parmi les caractéristiques de cette législation, il y a le fait qu'elle soit générale : elle englobe tout ce dont les hommes ont besoin présentement et dans le futur en dépit de la divergence du temps et du lieu.

Cette généralité est obtenue soit par les textes sacrés, soit par l'*ijtihad*. Pour cela, l'*ijtihad* des savants parmi les Compagnons, leurs disciples et les imams de l'Islam et l'apparition des principales écoles de jurisprudence dont les adeptes ont suivi les quatre imams, découlent de l'observance des textes sacrés ou de l'*ijtihad* s'il n'y a pas de texte révélé sur le sujet ou si le texte en question nécessite une élucidation. En effet, les textes sont généraux tandis que les événements sont circonscrits, les textes sont larges et les événements diffèrent. Pour cela la *Charia* est convenable en tout temps et en tous lieux, car ses textes, ses règles et principes sont si larges et généraux qu'ils englobent tous les temps et tous les lieux quelle que soit la diversité du temps.

Cela se manifeste dans l'impact de l'*ijtihad* des savants sur les sujets sur lesquels leurs opinions ont divergé. En effet, les savants de l'Islam ont divergé sur beaucoup de sujets et l'une des causes de leur divergence est qu'ils ont pris en compte le temps et le lieu et leur diversité. C'est pour cela que les spécialistes des fondements et des règles de jurisprudence ont dit : *"Les règles fondamentales sont stables et inchangeables tandis que les fatwas changent selon le temps et le lieu"*. La règle est unique tandis que la fatwa peut changer suivant une norme ou un intérêt islamique prépondérant, etc. Les références de tout cela sont connues et développées chez les spécialistes.

Certains textes sacrés constituent un argument formel tandis que d'autres constituent un argument conjectural et admettent l'*ijtihad*. Ces textes sacrés, du point de vue de l'application de la *Charia*, doivent être compris à la lumière des desseins de la *Charia* et des desseins de l'esprit de l'Islam parmi lesquels la quête du bien-être des hommes dans leur religion et dans l'au-delà.

L'adéquation de la *Charia* à toutes les époques et tous les lieux se manifeste par la perduration de l'Islam jusqu'au Jour dernier et dans l'étendue des textes qui ne sont pas rétrécis. Ceci récuse clairement une certaine étroitesse d'approche des nouveaux cas en jurisprudence qu'on rencontre aujourd'hui dans beaucoup d'endroits. La cause de cette étroitesse est que ceux qui ont examiné beaucoup de questions contemporaines l'ont fait avec l'esprit du savant ou du jurisconsulte d'antan qui n'a pas vécu à l'époque actuelle. Cela apparaît dans les définitions jurisprudentielles et les clauses. Or les définitions et les clauses jurisprudentielles n'ont vu le jour qu'après l'apparition des détails pratiques de chaque imam et de chaque savant. Donc les gens se sont confinés dans des définitions ou des clauses justes, élaborées par les imams à une époque donnée, et qui sont conformes à leur époque et leurs pays à cette époque-là, et il se peut qu'elles ne soient pas conformes à une autre époque.

Les textes sacrés sont vastes et on doit se référer à l'ampleur du texte pour les définitions et les conditions et non aux définitions des savants à une époque donnée et notamment, lorsque les définitions et les conditions sont conventionnelles, comme cela est répandu. En effet, nous trouvons que la définition d'un sujet varie d'une école à une autre : la définition de la vente par exemple chez les Hanbalites est différente de sa définition chez les Chaféites, les Hanafites et les Malékites, parce que leur définition sur ce sujet est conventionnelle. Il en est de même de la définition du transfert de créance sur un tiers qui diffère d'une école à une autre. Cela fait que, concernant ce que nous voulons de nos jours, nous devons nous libérer des définitions pour nous référer à l'ampleur du texte, car le texte couvre le temps et le lieu pour le bien des hommes.

2 – La prise en compte des intérêts

Parmi les traits caractéristiques de cette *Charia*, il y a le fait que le Législateur ait pris en considération les objectifs visés pour la réforme des hommes par cette *Charia*. La *Charia* n'est pas une disposition unique qui ne tient pas compte des intérêts et des desseins visés par le Législateur en la prescrivant.

En ce qui concerne les préceptes, le Législateur a un objectif dans les préceptes des transactions qu'Il a prescrits et interdits. Il en est de même en ce qui concerne les préceptes des adorations, de la famille, de la société et des libéralités comme les legs pieux et les donations, le Législateur a en tout cela un dessein.

La *Charia* a des objectifs qui font qu'elle est large. Si on perd de vue cet aspect des objectifs de la *Charia* dans la réforme des gens, c'est qu'un objectif important du Législateur est mis de côté dans l'examen des règles jurisprudentielles et de l'étendue de l'Islam dans sa législation. A titre d'illustration, il y a ce dire d'Ach-Chatiby dans son livre Al - Mouwafaqâtes qui est un traité des objectifs. Il dit en effet : « *Il n'y a pas dans ce monde, un avantage pur ni un inconvénient pur. La Charia vise ce qui est prépondérant dans les deux : si les avantages sont prépondérants, elle prescrit, si par contre les inconvénients sont prépondérants, elle interdit. Ceci est conforme à la règle générale établie par les imams de l'Islam qui stipule : la Charia est venue pour concrétiser et compléter les avantages et les intérêts, d'une part et pour réprimer et diminuer les abus et les méfaits d'autre part. Les intérêts en question sont ceux qui sont liés à la vie terrestre en facilitant aux hommes leur vie, leur subsistance et la réalisation de leur survie, leur bien-être et leur mieux-être et leurs intérêts dans l'au-delà par le pardon qu'Allah ﷻ leur accorde et l'accès de Ses serviteurs au Paradis. »*

3 – La facilité

Parmi les fondements de cette *Charia* qu'on peut considérer à juste titre comme trait caractéristique de l'Islam, il y a le fait qu'elle est facile, comme Allah ﷻ la décrit : ❮ Et Il ne vous a imposé aucune gêne dans la religion ❯[8]. Allah ﷻ dit dans la description de cette *Charia* à la suite de l'évocation de certaines de ses prescriptions : ❮ Allah ne veut pas vous imposer quelque gêne, mais Il veut vous purifier ❯[9]. Les Compagnons du Prophète ﷺ rapportent que quand on donnait à l'Envoyé d'Allah ﷺ le choix entre deux choses, il choisissait la plus facile, pourvu qu'il n'en résultât pas quelque péché. Il a

---

[8] Sourate 22 : Al-Hajj, verset 78.
[9] Sourate 5 : Al-Mâ'idah, verset 6.

Ceci est l'Islam

également dit : *"La religion la plus aimée d'Allah est la religion abrahamique pure (hanafiyyah) de pratique facile"*.

Il dit également : *"Toute personne qui cherchera à être trop rigoureuse dans l'observance de la religion succombera à la tâche."*

Le principe de la facilité dans la *Charia* est un principe important parce que le Prophète ﷺ visait la facilité ; en outre, on trouve la facilité dans toutes les adorations et les transactions. Toute la *Charia* est facilité ; donc le jurisconsulte, le chercheur, et celui qui attribue une parole ou une fatwa ou une sentence à l'Islam doivent faire de cela une règle, à savoir que la *Charia* est basée sur la facilité. Plus la sentence est facile pour les gens lorsqu'il n'y a pas de texte, sera mieux considéré, car le Prophète ﷺ a décrit cette religion et cette *Charia* en disant que la religion la plus aimée d'Allah est la religion pure de pratique facile. La simplicité, la facilité et l'absence de gêne font partie des traits caractéristiques de cette *Charia*.

Quatrième point

Ceci est l'Islam dans "le système politique"

L'Islam n'est pas seulement une religion d'adoration entre l'homme et son Seigneur dans les mosquées, mais l'Islam est aussi la religion de l'individu et la religion du groupe. L'Islam est un système pour l'homme en lui-même et dans sa société ; c'est aussi un système politique. Allah ﷻ dit à Son Prophète ﷺ : ❮ Certes, Allah vous commande de rendre les dépôts à leurs ayants droit, et quand vous jugez entre des gens, de juger avec équité ❯[10]. Il dit aussi à Son Prophète ﷺ pour l'éloigner du jugement de la période de l'Ignorance antéislamique (Jahiliyyah) : ❮ Est-ce donc le jugement du temps de l'Ignorance qu'ils cherchent ? Qu'y a-t-il de meilleur qu'Allah, en matière de jugement pour des gens qui ont une foi ferme ? ❯[11].

---

[10] Sourate 4 : An-Nisâ, verset 58.
[11] Sourate 5 : Al-Ma'idah, verset 50.

Ceci est l'Islam

Quelques principes de l'Islam en matière de politique :

1 – La liberté

L'Islam a pris en compte les bases sur lesquelles s'appuie la société des hommes en ce qui concerne le système politique, c'est ainsi qu'il a prescrit en premier lieu la liberté. Celle-ci est de diverses sortes :

— La liberté religieuse, Allah ﷻ dit : ❮Nulle contrainte en religion ! Car le bon chemin s'est distingué de l'égarement❯[12]. Il dit à Son Prophète ﷺ : ❮Eh bien, rappelle ! Tu n'es qu'un rappeleur, et tu n'es pas un dominateur sur eux❯[13] ; ❮Est-ce à toi de contraindre les gens à devenir croyants ?❯[14].

Cette liberté a été clairement appliquée à l'époque du Prophète ﷺ et à l'époque de ses califes orthodoxes bien guidés. On ne contraignait personne à embrasser l'Islam, mais on lui présentait l'Islam, s'il l'acceptait tant mieux, sinon on le laissait. Ceci, grâce à ce principe qui veut que celui qui est dans le judaïsme ou le christianisme ne soit pas contraint à l'abandonner, comme cela ressort d'une des lettres que le Prophète ﷺ adressa à certains de ses

---

[12] Sourate 2 : Al-Baqarah, verset 256.
[13] Sourate 88 : Al-Ghâchiyah, versets 21 – 22.
[14] Sourate 10 : Younous, verset 99.

gouverneurs : *"Quiconque est dans le judaïsme ou le christianisme ne doit pas être contraint à l'abandonner"* : c'est-à-dire qu'on n'exerce pas la pression sur lui au point qu'il soit obligé de l'abandonner. La biographie des califes est édifiante à ce sujet.

— Parmi les principes de l'Islam en matière de liberté, il y a la garantie de la liberté économique et la garantie de la liberté individuelle. Allah ﷻ dit : ❮ Alors qu'Allah a rendu licite le commerce, et illicite l'intérêt ❯[15]. Ce sujet sera traité plus amplement lorsqu'on abordera le chapitre de l'économie et des biens.

— La liberté individuelle de l'homme dans ce qu'il fait chez lui. C'est un principe établi par l'Islam, c'est pour cela qu'il tient compte de la liberté de l'homme chez lui. Lorsque quelqu'un regarda l'intérieur de la maison du Prophète ﷺ et qu'on l'en eut informé, il dit : *"Si je l'avais su, je t'aurais crevé les yeux"*. Parce qu'il a osé regarder ce dont il n'a pas le droit.

L'Islam garantit les libertés, car il n'est pas possible qu'il y ait un regroupement – regroupement politique, d'un Etat ou des gens qui se réunissent et vivent en harmonie pour leurs intérêts – sans certaines libertés que leur garantit l'Islam. Les libertés sont étendues et diverses.

---

[15] Sourate 2 : Al-Baqarah, verset 275.

2 – La justice et l'égalité

Parmi les principes de l'Islam dans la gestion des hommes, il y a la justice et l'égalité, la justice et l'égalité entre les hommes. La gestion des hommes se base sur la concrétisation de leurs intérêts. Les hommes se rassemblent sous la bannière de leur gouverneur, de leur prince, de leur Etat et de leur gouvernement afin de réaliser leurs intérêts. La plus grande chose qui contente les gens et concrétise leurs intérêts est la justice entre eux ; les savants ont défini la justice en ces termes : donner à chaque ayant droit son dû. Il est notoire que les ayants droit diffèrent les uns des autres, comme Oumar ﷺ a distingué entre les gens dans l'attribution de certains droits ; mais la justice consiste à faire parvenir le dû à l'ayant droit sans ambages, ni domination, ni abus contre l'ayant droit. L'égalité est requise : au plus, les hommes sont égaux en devoirs comme les dents du peigne, sans aucune différence entre l'Arabe et le non Arabe sauf par la piété, au plus ils doivent être égaux en ce dont ils ont besoin pour les intérêts de leur vie, en protection, en justice, etc. Voilà pourquoi, l'Islam a confirmé l'égalité des hommes dans l'ensemble de leurs droits, dans leur vie, devant la justice et dans la concrétisation de leurs intérêts.

3 – La sauvegarde de l'union et de la force

Parmi les principes de l'Islam dans la gestion des hommes, il y a la protection des gens, de leur union et de leur force. La première mission du gouvernement consiste à rassembler les gens, à les protéger et à préserver leur union en les administrant avec la loi d'Allah ﷻ.

4 – La loyauté entre les croyants

Parmi les principes que l'Islam prend en considération, il y a la loyauté entre les Croyants ; le Prophète ﷺ dit : « *La vraie religion, c'est la loyauté ! La vraie religion, c'est la loyauté ! La vraie religion, c'est la loyauté ! (trois fois) - Envers qui ? demandèrent les Compagnons. Il répondit : Envers Allah, Son livre, Son Messager, à l'égard des chefs de la communauté musulmane et de la communauté musulmane toute entière*". Donc la loyauté est due à l'ensemble de la communauté et aux autorités, ceci est un des fondements de la *Charia*. Le Prophète ﷺ fit un pacte avec certains Compagnons selon lequel ils devaient la vérité sans craindre le reproche de quelque détracteur ; de même, le Prophète ﷺ a fait un pacte avec un groupe de Compagnons selon lequel, ils devaient prodiguer des conseils à tout musulman quelle que soit sa classe. Cela fait partie du principe de la recommandation du bien et de l'interdiction du mal, car Allah a décrit cette communauté par cette caractéristique : ❰Vous êtes la meilleure communauté qu'on ait fait surgir pour les hommes. Vous ordonnez le convenable, interdisez le blâmable et croyez à Allah❱[16]. Le conseil fait partie de la recommandation du convenable et de l'interdiction du blâmable. Tel est le principe, quant aux normes, à l'organisation et aux conditions, elles varient selon le temps et le lieu. Pour cela – comme cela sera élucidé ultérieurement – les systèmes modernes comme les Conseils de la *Choura*, les Assemblées nationales et autres sont une forme, un mécanisme et des moyens de consultation que l'Islam a préconisé comme principe général et a laissé aux hommes le choix de la méthode appropriée d'application qu'ils pourraient développer à chaque fois que le besoin s'en fera sentir. Si avec le temps les rapports entre les gens deviennent complexes et que le conseil ne peut se faire que par une méthode que met sur pied le détenteur de l'autorité, il incombe à celui-ci de l'organiser afin que le conseil puisse être clair et parvenir aux autorités. Il en de même de la critique et de l'opinion contraire, l'opposition comme on l'appelle de nos jours, sous réserve du respect des règles islamiques.

Cela est admis à condition d'observer les instructions islamiques en la matière dont les plus importantes sont : ne pas créer de trouble, ni diviser les musulmans. Si la critique, l'opposition et l'opinion contraire assurent le

---

[16] Sourate 3 : Al-Imrân, verset 110.

bien des gens, même si écouter cela est pénible, mais ne causent pas de trouble par la parole ou par l'acte chez les gens et ne conduisent pas à la dissension, cela est permis.

Les piliers du pouvoir

Le pouvoir en lui-même a des piliers qui sont pratiqués : le dirigeant, les membres du gouvernement, la *Choura*, le contrôle, les administrations et l'appareil exécutif.

La *Charia* a exposé en détail ce qu'est un dirigeant, ses devoirs, ses droits, comment il est choisi, comment est son mandat ; ainsi que les membres du gouvernement, qui sont-ils, leur rapport avec le dirigeant dans la gestion des affaires ; les membres de la *Choura* et du contrôle. Les membres de la *Choura* étaient connus à l'époque d'Oumar ﷺ, leur nombre était connu. Cela se développe avec l'évolution du temps et il se peut que cette *Choura* ait de nos jours des assemblées et un grand nombre de membres représentant les différentes sensibilités de la Communauté dans leurs sciences, leurs connaissances, leurs contrées, leurs tribus, etc. en sorte que la *Choura* ou les assemblées de la *Choura* se voient confier la mission – comme on dit – de légiférer ou de concevoir les règlements et d'exercer le contrôle sur la prestation des instances qui appliquent ces règlements.

Ceci est l'Islam

La juridiction est un des fondements de la *Charia* et il n'y a pas de civilisation, de religion, ou de législation qui ont accordés autant de considération à la juridiction comme l'a fait la *Charia* islamique ; le Prophète ﷺ a décrit les juges comme suit : *"Les juges sont de trois catégories : deux iront en Enfer et un ira au Paradis"*. Il dit à propos de deux juges qui iront en Enfer que le premier est le juge qui connaît la vérité mais s'en détourne et le second est le juge qui abandonne la vérité ou l'ignore et ne juge pas avec. Quant à celui qui connaît la vérité et juge avec, sans craindre le reproche de quiconque, celui-là est un juge louable à qui le Prophète ﷺ a promis le Paradis.

Dans la *Charia*, la juridiction est sauvegardée et intègre, personne n'a un pouvoir sur elle. Le juge doit parvenir à la loi d'Allah ﷻ et son verdict est irrévocable. La juridiction peut avoir un ou plusieurs degrés comme c'est le cas chez nous où il y a : les tribunaux, puis la Cour de cassation et ensuite la Haute Cour de Justice ; dans d'autres pays, elle a aussi trois degrés. Ce qui compte, c'est que le pouvoir judiciaire soit intègre dans sa mission, ne subissant ni l'autorité du dirigeant, ni celle du citoyen, parce que la juridiction juge d'après la Loi d'Allah ﷻ ; quiconque obstrue le pouvoir judiciaire a obstrué la Loi d'Allah ﷻ en ce qu'Il a prescrit pour juger entre les hommes. Si les hommes s'ingèrent dans le pouvoir judiciaire, il n'y aura plus de justice et une certaine injustice régnera entre les gens, ce qui disloquera les gens, leur union, or la *Charia* a pris en considération tous les moyens par lesquels les hommes préservent leur cohérence.

La *Charia* prend également soin de l'appareil exécutif à l'instar des ministères et des différents offices. Ces différents ministères, offices et services ne sont que des appareils de l'exécutif, chargés de l'application de ce qu'Allah a ordonné, de l'application de ce que le dirigeant leur a conféré comme mission, de l'application des règlements et ils sont tenus de remplir leur mission comme Allah ﷻ le dit : ﴾ **Certes Allah vous commande de rendre les dépôts à leurs ayants droit, et quand vous jugez entre les gens, de juger avec équité. Quelle bonne exhortation qu'Allah vous fait !** ﴿[17].

---

[17] Sourate 4 : An-Nissa, verset 58.

Cinquième point

Ceci est l'Islam dans " les conduites morales"

Quant aux conduites morales, elles sont la chose la plus sublime par laquelle Allah ﷻ a décrit Son Prophète ﷺ lorsqu'Il dit : ❪Et tu es certes, d'une moralité imminente❫[18]. Et le Prophète ﷺ a dit : *"Je n'ai été envoyé que pour parfaire les bonnes conduites morales »*. Cette restriction ainsi exprimée "Je n'ai été envoyé que" met en évidence que le but de la mission du Prophète ﷺ n'a été que de parfaire les conduites morales imminentes. Ainsi, les conduites morales imminentes et les bonnes mœurs englobent tout ce que la *Charia* contient et tout ce que l'Islam contient.

L'homme a le physique et l'éthique. Le physique est sa forme apparente tandis que l'éthique est la forme interne de son âme. Autant l'homme apprécie la forme

---

[18] Sourate 68 : Al-Qalam, verset 4.

apparente qui n'est pas soumise à la responsabilité juridique, autant il doit apprécier l'image interne qui est soumise à la responsabilité juridique parce qu'elle est liée à l'esprit, à l'âme et aux instincts.

Diverses sortes de conduites morales

Les conduites morales préconisées par l'Islam sont diverses :

1 – **Le comportement de l'homme à l'égard de son Seigneur** : le musulman se comporte à l'égard de son Seigneur de la plus belle manière en tout ce qui a un lien avec son âme. L'amour d'Allah ﷻ, l'espoir d'accéder à ce qu'Il a auprès de Lui, Sa crainte, le contentement qu'on a de Lui, Son invocation, la soumission à Lui, l'espérance de ce qu'Il détient, la confiance qu'on place en Lui et la bonne impression qu'on a de Lui sont-ils autre chose que les grandes conduites morales cultuelles que l'homme doit vouer à son Seigneur ?! Fait également partie des bonnes conduites morales de l'homme à l'égard de son Seigneur, le culte pur qu'il rend à son Seigneur de façon à ce que son cœur soit dépouillé de tout autre être en dehors d'Allah.

2 – **Le comportement du musulman envers lui-même.**

Ceci est l'Islam

3– Le comportement du musulman envers ses parents, sa femme et ses enfants.

4– Le comportement du musulman envers les autres musulmans : Il les traite avec sincérité et loyauté, aime pour eux ce qu'il aime pour lui-même. Il évite pour lui-même et pour eux tout ce par quoi Satan peut susciter l'inimitié dans les cœurs. Allah ﷻ dit à ce propos : ❮Et dis à Mes serviteurs d'exprimer les meilleures paroles, car le Diable sème la discorde parmi eux❯[19].

Les conduites morales ne se raffinent que par la bonne parole et la bonne action et ne se dépravent que par la mauvaise parole et la mauvaise action ; pour cela, chaque fois que les paroles et les actes de l'homme sont bons dans ses transactions et qu'il aime pour les gens autant de bien qu'il aime pour lui-même, celui-là est doté de bonnes conduites morales. Toutes les vertus comme la sincérité, la loyauté, le respect de l'engagement, l'accomplissement des devoirs, la vérité et l'absence du mensonge, l'honnêteté et l'absence de la tromperie, la bonté envers les gens et le souhait que ceux-ci soient bons avec lui, toutes ces vertus font partie de bonnes conduites morales.

5 - Le comportement du musulman à l'égard des non-musulmans

---

[19] Sourate 17 : Al-Isrâ, verset 53.

Ceci est l'Islam

Le fait que le non-musulman ne partage pas la même foi que le musulman ne signifie pas que le musulman doit être méprisable vis-à-vis de lui, bien au contraire, il doit bien se comporter envers lui tant par la parole que par l'acte. Quant à la parole, Allah a dit à propos : ❮Et dites de bonnes paroles aux gens❯[20] ; et Il dit à propos de l'acte : ❮Allah ne vous défend pas d'être bienfaisants et équitables envers ceux qui ne vous ont pas combattus pour la religion et ne vous ont pas chassés de vos demeures. Car Allah aime les équitables❯[21]. Allah n'a pas excepté de ces bonnes conduites morales, le fait d'être bienveillants, bienfaisants et équitables envers ceux qui ne nous ont pas combattus pour la religion. L'équité est la base des divers rapports avec les non musulmans, ainsi que la bienfaisance et la bonne parole à leur égard tant que ceux-là n'ont pas manifesté de haine contre l'Islam et les musulmans.

6 – Le comportement du musulman – et l'éthique islamique- en temps de guerre

L'Islam est la première législation qui a stipulé, en cas de guerre, d'épargner la ville et les civils de la guerre et d'orienter la guerre exclusivement contre les combattants. Le Prophète a ainsi ordonné de ne pas tuer, en cas de

---

[20] Sourate 2 : Al-Baqarah, verset 83.
[21] Sourate 60 : Al-Mumtahanah, verset 8.

guerre, les personnes âgées, ni les femmes, ni les enfants ; et même les arbres ne doivent pas être coupés, les maisons ne doivent pas être détruites ; les civils qui n'ont pas combattu ne doivent pas être visés, la guerre n'est orientée que contre les combattants. Ceci est un degré très élevé de sélection même en temps de guerre. En Islam, la guerre dans sa diversité ne signifie pas la destruction totale ou l'extermination des gens en vue d'obtenir la victoire, mais l'Islam tient compte de la sélection de ceux qui sont combattus et ceux qui sont tués en cas de guerre.

D'après l'Islam, les bonnes conduites morales peuvent succinctement se définir comme étant : le fait d'amener les instincts dans leurs caractéristiques à se conformer à l'ordre du Créateur. Celui qui est doté de bons caractères est celui qui tient de bonnes paroles et accomplit de bonnes actions. Les instincts, l'habitude et l'éducation influencent beaucoup les conduites morales.

Sixième point

Ceci est l'Islam dans "l'économie et les biens"

L'Islam a accordé une grande importance aux biens et à l'économie parce que cela constitue une puissance pour la Communauté. Lorsque la Communauté est forte dans son économie et ses biens, elle devient forte en elle-même, elle se resserre davantage de l'intérieur et devient puissante devant ses ennemis. La puissance de l'Etat en Islam et la puissance intérieure des musulmans tirent leur origine de certains facteurs dont la puissance économique et financière, car la manifestation de la puissance dans la communauté islamique n'est possible qu'en accordant de l'importance à l'économie et aux biens. Cet aspect doit être pris très au sérieux.

La vision islamique des biens et de l'économie

La vision islamique des biens est basée sur un certain nombre de principes :

1 – Les biens appartiennent à Allah

Allah ﷻ dit : ❲Et donnez-leur des biens d'Allah qu'Il vous a accordés❳[22]. Les hommes ne sont que des gérants de ces biens dont ils doivent disposer selon la volonté d'Allah ﷻ. Allah ﷻ dit : ❲Et dépensez de ce dont Il vous a donné la lieutenance❳[23]. Il a ainsi assigné la dépense de ce dont Il nous a donnés la lieutenance, tous les différents types des biens font partie de ce dont Allah ﷻ nous a confié la lieutenance ; pour cela, les savants ont dit : Le gaspillage consiste à dépenser sur autre chose que ce qu'Allah ﷻ a ordonné. Ainsi, faire des dépenses dans l'illicite est un gaspillage et la dépense conforme à la *Charia* c'est dépenser ce dont Allah a accordé la lieutenance aux gens dans ce qu'Il aime et agrée.

2– Assurer aux membres de la Communauté le minimum vital

La *Charia* tient compte du minimum vital des membres de la société et des familles selon leur besoin. Cela peut se réaliser par le biais de l'Etat à partir de ses trésors comme le Prophète ﷺ prescrivit des biens du Trésor public aux nécessiteux. Abû Bakr ؓ, Oumar ؓ, etc. firent la même chose ; ou par les biais des différentes

---

[22] Sourate 24 : An-Nur, verset 33.
[23] Sourate 57: Al-Hadid, verset 7.

législations islamiques comme celles de la Zakat, de l'aumône, de l'obligation de la prise en charge des proches parents, etc.

3 – Le respect de la propriété privée

La propriété privée est respectée et la *Charia* promeut le développement des propriétés privées mineures avant même les grandes propriétés privées, elle accorde beaucoup d'importance aux détenteurs de petits capitaux avant les détenteurs de grands capitaux, contrairement aux visions capitalistes et aux autres visions qui, soit privent le riche, soit font de lui le dominant. La *Charia* elle se préoccupe de ce que le petit investisseur travaille et produise afin que les biens soient aussi entre ses mains, comme Allah ﷻ le dit : ❰Afin que cela ne circule pas parmi les seuls riches d'entre vous❱[24].

4 – L'octroi de la liberté économique

Il n'y a pas d'économie ni de dynamisme sans une certaine liberté, ainsi la *Charia* a ouvert la porte de l'économie et n'a interdit qu'un nombre limité de transactions qui s'exerçaient avant l'Islam. Les gens de la Jahiliyyah faisaient beaucoup de transactions et la *Charia* en a interdit un certain nombre, laissant le reste dans sa permission originelle.

---

[24] Sourate 59: Al-Hachr, verset 7.

5 – L'encouragement au développement

Parmi les principes de base de la vision islamique de l'économie, il y a l'encouragement au développement économique, foncier, agricole, industriel et de la productivité. Chacun de ces aspects est appuyé par une référence de l'acte du Prophète ﷺ ou de ses califes.

6 – L'orientation de la dépense et l'interdiction du gaspillage et de l'abus

7 – L'interdiction de toute transaction qui conduit à l'injustice individuelle ou collective

Car il se peut que l'investisseur se basant sur sa liberté économique agisse de manière à léser l'individu ou le groupe ; l'individu peut ne pas se rendre compte de son injustice alors qu'il lèse effectivement le groupe. La *Charia* a interdit toutes les formes d'injustice en économie et a fait que ses différentes législations soient garantes de l'empêchement de toutes les formes d'injustice et que la justice soit requise, soit dans la vision de l'individu, soit dans la vision du groupe.

La *Charia* tient également compte de la croissance des capitaux et veille à ce que l'opportunité de cette croissance soit offerte aussi bien aux petits qu'aux grands capitaux.

Quelques règles générales de la vision islamique de l'économie et des biens

Première règle : En principe, les transactions financières et économiques sont licites et permises, sauf ce qui est expressément interdit par la *Charia* :

Ceci est une règle connue chez les savants ; elle stipule que les adorations sont en principe interdites jusqu'à ce qu'une référence les autorise, parce que ni la raison ni l'opinion n'interviennent dans les adorations, voilà pourquoi il faut attendre l'ordre du Législateur à ce sujet. Quant aux transactions, elles constituent le quotidien des hommes et leur vie : il leur est permis de créer diverses sortes de transactions et d'exercer autant de transactions et d'activités économiques et financières qu'ils désirent à condition qu'elles ne comportent pas cinq types d'éléments interdits : l'usure, le jeu de hasard, l'imprécision qui conduit aux disputes, le dol et la tromperie, l'injustice.

Lorsqu'on ne trouve pas un de ces cinq éléments dans une quelconque transaction, un quelconque acte économique, dans des activités économiques et financières innovées par les gens ou dans les organismes financiers, alors la *Charia* autorise et encourage cette transaction.

Deuxième règle : la réalisation par l'économie des intérêts de l'individu, du groupe et de l'Etat

L'économie que la *Charia* commande et encourage et que la Communauté exerce doit réaliser les intérêts de l'individu, du groupe et de l'Etat et pas seulement les intérêts des individus particuliers ou d'un parti précis, car Allah dit : ❮Afin que cela ne circule pas parmi les seuls riches d'entre vous❯[25]. Et lorsque les prix grimpèrent et qu'on demanda au Prophète d'intervenir pour la tarification, il dit : "Laissez-moi, car c'est Allah qui est Celui qui retient et accorde les largesses" ; il dit aussi : "C'est Allah qui règle les prix". Tout cela pour permettre au petit et au grand (agent économique) de profiter et que certaines personnes n'aient pas la main mise sur la tarification en leur faveur et afin qu'il n'y ait pas la domination de certaines forces sur les autres sur le plan économique.

---

[25] Sourate 59 : Al-Achr, verset 7.

Septième point

Ceci est l'Islam dans l'union et l'absence de division

La base de la religion est l'union et l'absence de la division comme Allah ﷻ le dit : ❮Et cramponnez-vous tous ensemble au câble d'Allah et ne soyez pas divisés❯[26] ; ❮Et ne soyez pas comme ceux qui se sont divisés et se sont mis à se disputer, après que les preuves leur furent venues, et ceux-là auront un énorme châtiment❯[27] ; ❮Il vous a légiféré en matière de religion, ce qu'Il avait enjoint à Noé, ce que Nous t'avons révélé, ainsi que ce que Nous avons enjoint à Abraham, à Moïse et à Jésus : "Etablissez la religion ; et n'en faites pas un sujet de division"❯[28]. Dans un hadith doté d'une bonne chaîne de rapporteurs, le Prophète ﷺ a dit : *"Le groupe est une miséricorde et la division un supplice"*. Il se dégage de là que la *Charia* et l'Islam ont pour base l'union et l'absence de division.

---

[26] Sourate 2 : Al-Imrâne, verset 103.
[27] Sourate 3 : Al – Imrân, verset 105.
[28] Sourate 42 : Achoura, verset 13

Les deux sortes d'union et de division

La *Charia* préconise l'union et interdit la division dans les deux sortes d'union et de division :

Première sorte : L'union et l'absence de division en religion, en interdisant aux gens de légiférer en religion et d'y introduire ce qu'ils veulent en termes d'adorations, de paroles, d'états et de rites. Le principe commande qu'ils s'unissent autour de la religion de vérité dans leur foi, leur croyance à l'unicité d'Allah, et dans les adorations en sorte qu'ils ne devancent pas le Législateur, ne dépassent pas leur limite et laissent à Allah ﷻ le soin de légiférer en cette matière. Allah ﷻ dit : ❮Ou bien auraient-ils des associés [à Allah] qui auraient établi pour eux des lois religieuses qu'Allah n'a jamais permises ? Or, si l'arrêt décisif n'avait pas été prononcé, il aurait été tranché entre eux❯[29].

Deuxième sorte : La division à propos des affaires mondaines, de l'Etat et du dirigeant

Allah ﷻ a commandé de se rassembler autour du dirigeant musulman, de le soutenir, de lui prodiguer des conseils, de ne pas l'abandonner quel que soit le cas. Il a ordonné de sauvegarder cela et a interdit de se détacher de lui et de se désunir ; Il a ordonné de s'unir avec le

---

[29] Sourate 42 : Achoura, verset 21.

dirigeant légitime, de le soutenir et de le secourir, car cela constitue une force pour la religion et pour lui-même quand bien même, il aurait quelques manquements et erreurs ou des opinions que les autres ne partagent pas avec lui là où l'*ijtihad* est permis. Si l'*ijtihad* est fait, alors les gens doivent soutenir le dirigeant sur ce qui fait l'objet de l'*ijtihad* afin qu'il n'y ait pas de discorde. La plus grande force de rassemblement de la Communauté réside dans leur union autour de leur Etat ; et la plus grande chose qui puisse faire leur division et leur faiblesse est leur dispersement en groupes partisans et en sectes. Allah ﷻ dit : ﴾Or, ils ne cessent d'être en désaccord (entre eux), sauf ceux à qui ton Seigneur a accordé miséricorde﴿[30]. Il a ainsi fait l'éloge de ceux qui sont unis comme étant ceux qui bénéficient de la miséricorde.

---

[30] Sourate 11 : Hud, versets 118 – 119.

Huitième point

Ceci est l'Islam dans "les relations internationales"

Les Etats sont toujours dans une de ces deux situations : soit en situation de paix, soit en situation de guerre. En cas de guerre, la *Charia* n'a pas un esprit belliqueux, mais considère la guerre comme un cas de force majeure. Si la possibilité d'inviter les gens à l'Islam et de transmettre le message d'Allah ﷻ est offerte, le djihad n'est en principe prescrit que pour la protection de l'appel à l'Islam, comme le dit Cheikh Al-Islam Ibn Taïmiyyah au début de son livre écrit en réponse aux Chrétiens : *"Si on peut transmettre le message de l'Islam, le djihad offensif n'a pas sa raison d'être"*. Il appuie son dire par des références et arguments connus. La guerre dans ce cas n'a lieu que pour la défense et c'est un devoir pour le dirigeant et la Communauté de se défendre contre les assauts de l'ennemi dans la mesure du possible ; et si elle ne peut pas, elle opte pour le moindre mal afin de repousser le plus grand, car malgré que les Compagnons ont été victimes d'injustices, le djihad ne fut pas autorisé immédiatement. Allah ﷻ dit : ❮Autorisation est donnée à ceux qui sont attaqués (de se défendre), parce que vraiment ils sont lésés ; et Allah est certes capable de les secourir❯[31]. Le djihad défensif est donc requis dans la mesure du possible, selon la situation et avec la permission et l'ordre du dirigeant.

En situation de paix, les rapports entre l'Etat islamique et les autres Etats sont soit un état de pacte et de convention, soit un état de protection que les savants appellent l'état des "alliés" ou l'état des protégés.

S'agissant de la convention, la *Charia* tient compte des pactes et des conventions, Allah ﷻ dit : ❮ Ô les croyants ! Remplissez fidèlement vos engagements ❯[32] ; ❮Et remplissez l'engagement, car on sera interrogé au sujet des engagements❯[33]. Il dit à Son Prophète ﷺ : ❮Et s'ils vous demandent secours au nom de la religion, à vous alors de leur porter secours, mais pas contre un peuple auquel vous êtes liés par un pacte❯[34]. C'est-à-dire si un groupe de musulmans vous appellent au secours.

Lorsque l'Etat islamique est lié par un pacte à un autre Etat, et que certains musulmans sont victimes d'une

---

[31] Sourate 22 : Al-Hajj, verset 39.
[32] Sourate 5 : Al-Ma'idah, verset 1.
[33] Sourate 17 : Al-Isrâ, verset 34.
[34] Sourate 8 : Al-Anfâl, verset 72.

agression, le dirigeant et l'Etat islamique ont dans ce cas, le choix entre la résiliation de ce pacte afin de combattre l'ennemi, ou le respect du pacte selon les intérêts, pour protéger la Communauté selon l'appréciation de l'Etat.

Les pactes sont nombreux et divers, et les relations internationales sont reconnues de manière à assurer les intérêts des musulmans. Le Prophète ﷺ a reçu des émissaires et les a fait asseoir près de lui et a pris leurs lettres tout comme il a lui-même envoyé des lettres aux dirigeants des Etats, des régions et des contrées qui existaient à son époque.

Neuvième point

Ceci est l'Islam dans "le progrès et la civilisation"

Le progrès et la civilisation dans leur sens le plus large ont vu le jour à l'époque islamique parce que les musulmans ont trouvé dans leurs législations ce qui les a poussés à bâtir le monde et à servir leur civilisation de façon à se procurer prospérité et bonheur.

La construction de la civilisation intérieure, qu'il s'agisse de la construction de villes, de législations ou de systèmes, n'est possible que s'il y a coopération entre le système législatif, les hommes et les instances exécutives. C'est pour cela que la *Charia* accorde une grande importance à l'organisation citadine dans ses formes en établissant un Etat, en établissant des administrations et des appareils exécutifs ; la *Charia* et la juridiction étant là pour encourager les gens à coopérer pour leur bien et leur service.

Il est évident que pour bâtir une civilisation, il faut bâtir une économie, des finances et différentes législations. L'Islam a prescrit que le Trésor public islamique soit organisé, qu'il y ait des gens spécialement chargés de garder les biens et que sa gestion soit en conformité avec la *Charia*. L'Islam a aussi encouragé les legs pieux et les différentes sortes de donations. Les legs pieux sont un des traits caractéristiques de la diversité *civilisationnelle* et l'élargissement des sollicitudes internationales. C'est pour cela qu'on observe qu'il n'y a pas de domaine qui n'ait pas été couvert par les legs pieux à l'époque de la civilisation islamique, des domaines aussi variés que les mosquées, l'enseignement, la santé, les livres, les bibliothèques, les routes, les eaux, les veuves, les pauvres, les nécessiteux et les sans domiciles. Tous ces domaines étaient couverts par les legs pieux. C'est là une forme de préoccupation de l'Islam ; il encourage les gens à contribuer dans ce domaine et à ne pas se contenter seulement des trésors de l'Etat. En outre, les législations islamiques encouragent la complémentarité dans la structure de la civilisation à travers l'institution de la Zakat, des aumônes et de la solidarité sociale entre autres choses.

Dixième point

Ceci est l'Islam dans "la divergence et le dialogue"

La divergence est inéluctable parmi les gens et il leur faut dans ce cas dialoguer. Pour cela Allah ﷻ a invité les Croyants à tenir les meilleures paroles quand ils débattent. Allah ﷻ dit : ❮Et dis à Mes serviteurs d'exprimer les meilleures paroles, car le Diable sème la discorde parmi eux❯[35]. La mauvaise parole est encore plus irritante au moment du débat et du dialogue, donc si les gens divergent et n'utilisent pas les meilleurs propos qu'ils trouvent, ils se diviseront. Pour cela, la *Charia* sachant que la divergence est inéluctable parmi les gens, leur a appris à tenir les meilleurs propos. Et même dans l'appel à l'Islam, Allah ﷻ a ordonné que cela se fasse par la sagesse, Il dit en effet : ❮Par la sagesse et la bonne exhortation appelle (les gens) au sentier de ton Seigneur. Et discute avec eux de la meilleure façon❯[36]. Cela est

---

[35] : Sourate 17 : Al-Isrâ, verset 53.
[36] Sourate 16 : An-Nahl, verset 125.

valable pour toutes les catégories de gens : musulmans et non musulmans, on doit converser avec eux de la meilleure des façons. Remarque que l'expression "de la meilleure des façons" ne signifie pas seulement une bonne parole, mais plutôt la meilleure que tu puisses trouver parce que le but, c'est de parvenir a un résultat, car les gens vont forcément diverger et si on ne met pas fin à cette divergence entre nous par le dialogue de la meilleure des façons, la fissure s'installera dans la société, les factions se multiplieront et la haine se répandra. C'est tout le contraire de ce que la *Charia* a ordonné en termes de sauvegarde, de cohésion et d'unité. Allah ﷻ dit également à propos du dialogue avec les non musulmans : ❲**Et ne discutez que de la meilleure façon avec les gens du Livre, sauf ceux d'entre eux qui sont injustes**❳[37].

La société, telle qu'elle est par sa nature, son souffle, sa croissance et sa grandeur, a forcément en son sein certaines tendances doctrinales et communautaires. Ceci est apparu dès le premier jour, certes les différentes appartenances existent, qu'elles soient ethniques, tribales, régionales ou confessionnelles, etc. A l'époque du Prophète ﷺ, les gens étaient répartis en : Emigrés (*Muhajirines*) et Auxiliaires (*Ansâr*). Les deux nominations ont trouvé leur fondement dans les textes sacrés et Allah ﷻ les a mentionnés comme tels dans Son Livre. Malgré

---

[37] Sourate 29 : Al-Ankabût, verset 46.

cela, lorsque les uns et les autres prirent parti en faveur de leurs paires : les Auxiliaires en faveur des Auxiliaires, et les Emigrés en faveur des Emigrés, le Prophète ﷺ désapprouva leur acte. Au cours d'une guerre ou d'une expédition, une mésentente éclata entre un jeune homme des Auxiliaires et un jeune homme des Emigrés, alors le jeune Auxiliaire s'écria : Ô les Auxiliaires ! -tirant vanité des Auxiliaires- . Le jeune Emigré s'écria à son tour : Ô les Emigrés ! Alors, ils se regroupèrent et le Prophète ﷺ, fâché, leur dit : *"Faites- vous l'appel de la période d'Ignorance (Jahiliyyah), alors que je suis encore parmi vous ?!"*.

Bien que les dénominations « Emigrés » et « Auxiliaires » soient des dénominations licites, quand l'affinité et l'aversion devinrent sur la base d'un autre nom que l'Islam et de nature à diviser la Communauté, le Prophète ﷺ interdit cela et dit : *"Faites-vous l'appel de la période d'Ignorance (Jahiliyyah), alors que je suis encore parmi vous ?!"*. La divergence dans les pensées, les factions, et dans les faits est bien présente. Avec l'expansion et la diversité des gens dans leurs connaissances, la mésentente, le communautarisme, le sectarisme, la diversité des opinions sont inévitables. Toutefois, on doit tenir compte de l'Islam en tout cela de sorte que l'affinité ne soit pas pour un autre nom que celui de l'Islam et que l'union ne soit pas autour d'une chose autre que la Parole d'Allah ﷻ sous la bannière du dirigeant. Mais si la société se divise avec l'existence de ces pensées, partis et factions au point où les uns récusent les autres, loin de ce que préconise le dirigeant, cela va affaiblir la Communauté et disperser la force de son union. A l'époque du Prophète ﷺ, il y avait des hypocrites, mais il ne tenait compte que de leur apparence et ne les jugeait pas selon ce qu'ils avaient dans leur for intérieur ; il laissait à Allah ﷻ le soin de faire ce jugement. Et lorsque certains Compagnons l'incitèrent à tuer certains hypocrites, il dit : *"Il ne faut pas qu'on dise que Muhammad ﷺ tue ses Compagnons"*.

Onzième point

Ceci est l'Islam dans "le juste-milieu et la lutte contre l'extrémisme"

L'Islam est la religion du juste-milieu et de la modération, c'est la religion qui combat et interdit l'extrémisme. Allah ﷻ dit : ❴Et aussi Nous avons fait de vous une communauté de justes pour que vous soyez témoins aux gens, comme le Messager sera témoin à vous❵ [38].

Ce juste milieu et cette modération sont clairement présents dans les dogmes et les législations de l'Islam. La croyance et les législations islamiques sont le juste-milieu. C'est ce que nous devons pratiquer entre-nous, dans nos paroles, nos opinions et jusque dans la pensée, nous devons être dans le juste milieu entre les extrémistes et les radicaux et même dans la vision que nous nous faisons réciproquement, nous devons adopter l'approche du

---

[38] Sourate 2 : Al-Baqarah, verset 143.

Ceci est l'Islam

juste-milieu. La voie du juste-milieu est celle à laquelle nous devons fermement nous cramponner parce que c'est la base de l'Islam.

L'exagération est formellement interdite, comme le dit Allah ﷻ : ❮Ô gens du Livre (Chrétiens), n'exagérez pas dans votre religion, et ne dites d'Allah que la vérité❯[39]. Et le Prophète ﷺ dit : *"Défiez-vous de l'exagération ! Défiez-vous de l'exagération ! Défiez-vous de l'exagération !"*

L'exagération (*ghoulou en arabe*) consiste à outrepasser la limite. Tout ce qui outrepasse la limite tombe dans l'exagération.

L'exagération en religion est condamnée et ses adeptes sont en dehors de la Sunna du Prophète ﷺ et du juste-milieu. Les sectes et les innovations sont apparues avec l'apparition de l'exagération. Les Khâridjites n'ont vu le jour qu'à cause de l'exagération et les sectes égarées n'ont fait leur apparition qu'en outrepassant les limites de la religion d'Allah ﷻ. Le désastre qu'a connu la Communauté au cours de son histoire a-t-il autre cause que la prolifération de l'exagération et de la pratique religieuse sans référence valable ; il se peut que les adeptes de l'exagération tournent leur regard vers les références, mais l'exagération reste ancrée dans les cœurs avant que ses adeptes recherchent la référence, c'est-ce qu'Allah ﷻ

---

[39] Sourate 4 : An-Nissa, verset 171.

a dit à ce propos en ces termes : ⟪C'est Lui qui a fait descendre sur toi le Livre : il s'y trouve des versets sans équivoque, qui sont la base du Livre, et d'autres versets qui peuvent prêter à d'interprétations diverses⟫[40].

Il y a donc des versets équivoques dont le savoir est équivoque : on peut les interpréter dans un sens et dans un autre, pour cela, Allah ﷻ dit à la suite : ⟪Les gens, donc, qui ont au cœur une inclination vers l'égarement, mettent l'accent sur les versets à équivoque⟫. Celui qui a une inclination dans le cœur a en principe, une exagération et une déviation dans le cœur, "met l'accent sur les versets à équivoque". Il suit ce qui est évoqué du Qur'an ou de la Sunna, non pas parce que l'embarras est causé par l'existence de ce qui peut prêter à équivoque, mais la déviation existait déjà et il est allé là où il n'y a pas de preuve pour prendre cela comme preuve et se convaincre que cela est juste, ⟪Mais ceux qui sont bien enracinés dans la science disent : "Nous y croyons : tout est de la part de notre Seigneur !"⟫

J'implore Allah ﷻ de me pardonner mes erreurs, mes fautes et mes manquements et de me considérer dans ce que ce que j'ai dit, comme quelqu'un qui veille à ne dire que ce qui est juste, à dire la vérité dans la description, l'explication et la présentation de l'Islam.

---

[40] Sourate 3 : Al-Imrân, verset 7.

Ceci est l'Islam

J'implore Allah ﷻ de me pardonner les manquements dans mes propos ou les vérités qui ont du échapper à ma compréhension.

J'implore Allah ﷻ de faire de moi et de vous des guides bien guidés, de nous mettre à l'abri des tentations apparentes et cachées, de rendre cette communauté puissante et forte contre ses ennemis et de la soutenir puissamment, car Il est le Généreux par excellence. Que la paix et le salut soient sur notre Prophète Muhammad.

Fin

Ceci est l'Islam

Table des matières

Introduction..- 5 -
Ceci est l'Islam dans la « croyance »...........................- 7 -
Ceci est l'Islam dans « l'adoration »...........................- 12 -
Ceci est l'Islam dans « la législation »......................- 13 -
Ceci est l'Islam dans « le système politique »..........- 20 -
Ceci est l'Islam dans « les conduites morales »........- 29 -
Ceci est l'Islam dans « l'économie et les biens »......- 34 -
Ceci est l'Islam dans « l'union et l'absence de la division »..- 40 -
Ceci est l'Islam dans « les relations internationales »..- 43 -
Ceci est l'Islam dans « le progrès et la civilisation »..- 46 -
Ceci est l'Islam dans « la divergence et le dialogue »..- 48 -
Ceci est l'Islam dans « le juste-milieu et la lutte contre l'extrémisme » ....- 52 -

www.ingramcontent.com/pod-product-compliance
Lightning Source LLC
Chambersburg PA
CBHW070338120526
44590CB00017B/2937